Pratiques managériales républicaines

À l'action, cadres dirigeants de la république !

Jean Pierre Motte

2

Droits de l'homme et du citoyen :
" La société doit demander compte à tout agent public de son administration "

L'ancien attaché de recherches au CNRS mène au nom des salariés une croisade républicaine contre les politiques de régression économique et sociale. Depuis 2013, il a vainement demandé compte aux responsables de l'état, de l'administration et des collectivités territoriales, des détournements de fonds publics au détriment de la nation et à l'encadrement public des créations d'effectifs de moins en moins contributifs à la compétitivité nationale. Après l'alternance politique, il a vainement demandé au Président de la République et à la Cour des comptes d'informer les représentants de la nation sur les excès de dépenses publiques qui asphyxient l'économie régionale.

L'ancien responsable d'université d'entreprise a résumé ses conseils aux cadres dirigeants de "l'Entreprise France" en six articles de presse ou de Cercle de l'économie en préconisant quatre pratiques managériales aux Présidents de la République, de l'Assemblée Nationale et du Sénat pour réduire l'endettement public et rétablir la compétitivité nationale afin de remettre au travail le plus vite possible le plus grand nombre de chômeurs et de demandeurs d'emploi.

Éditeur : BoD-Books on Demand,
12/14 rond point des Champs Élysées, 75008 Paris, France

Impression : BoD-Books on Demand, Norderstedt, Allemagne

ISBN : 978-2-322-13731-2

Dépôt légal : Juin 2018

Interpellations des managers des affaires publiques

Un appel à l'action des citoyens a été publié sur le Cercle de l'économie en juin 2013 (1) :

« Le pays est maintenant entré dans un cercle vicieux de décroissance économique mettant en péril votre sort et celui des vôtres. En sortir nécessite que vous agissiez.»

Les conseils adressés au président de la république en novembre 2013 ont été commentés par le chef de cabinet (2):

« Monsieur François HOLLANDE m'a confié le soin de vous assurer de l'attention portée à votre travail, qui constitue une contribution à la réflexion. Comme vous le savez, à la demande du Chef de l'Etat, le Gouvernement s'est engagé à moderniser l'action publique pour préserver et développer le service public à la française et accompagner la croissance. Le renouveau et l'efficacité de l'action publique sont donc essentiels à la construction d'un nouveau modèle français, alliant solidarité et compétitivité. Ils vont de pair avec un objectif exigeant : celui de la rénovation de nos services publics dans le respect de nos engagements de redressement des comptes publics. Cette ambition nous oblige. C'est bien d'une action forte en la matière, plus juste, plus efficace, et plus simple, dont la France a besoin.»

Les cadres du secteur marchand et du public conscients des dérives de gestion des comptes publics n'ont pas admis le mensonge présidentiel sur "l'ambition d'un gouvernement prétendant rénover la fonction publique" tout en laissant l'encadrement public développer des effectifs de moins en moins productifs pour la collectivité et augmenter de 50 milliards d'euros la masse salariale de l'état destructrice de valeur pour la nation. Ils constatent aujourd'hui un endettement public annuel doublé par les excès de dépenses de la fonction publique et une augmentation continue de la dette publique deux fois supérieure à la croissance moyenne du PIB.

Un manuscrit de 120 pages (3) a été transmis le 4 aout 2017 au Premier Président de la Cour des comptes. Les pratiques de management de la création de valeur des entreprises du secteur marchand sont décrites à l'attention des conseillers référendaires et des parlementaires chargés par la nation d'évaluer l'efficacité des politiques publiques et à l'adresse des cadres chargés par l'état d'assurer la qualité des prestations publiques ou territoriales aux administrés et de réduire le cout de la fonction publique pour la collectivité.

Un manuscrit de 96 pages (4) critique les politiques de régression économique et décrit les attentes sociales des salariés. Il a été adressé le 7 avril 2018 aux Présidents de la République et de l'Assemblée Nationale. Un résumé en 30 pages (5) appelant les chefs de service public à servir la collectivité nationale a été transmis le 18 mai 2018 à la présidence de la république.

Les cadres du secteur marchand estiment que les dérives de l'encadrement public auraient dû être corrigées avant d'engager des réformes concernant les salariés, les cheminots, les étudiants ou les fonctionnaires. Le président d'une république surendettée par sa fonction publique aurait dû demander au DRH de l'administration de réformer le statut du chef de service public. Pour convaincre les citoyens de son ambition gouvernementale à remettre la fonction publique au service de la nation, il aurait dû dès son élection transformer le responsable public, élu ou nommé, en chef de service national rémunéré par l'état à sa performance annuelle à créer de la valeur pour la collectivité et à en faire créer par les fonctionnaires comme le fait le cadre du secteur marchand dans l'entreprise.

Il aurait dû demander à la Cour des comptes d'évaluer l'impact social des politiques de régression économique et indiquer les politiques publiques à déployer pour réduire le chômage et réparer les fautes nationales de gestion des fonds publics.

En 2018, les cadres du secteur marchand devront forcer les cadres dirigeants de l'état à manager la performance économique de la fonction publique de façon à restaurer la compétitivité nationale et réduire l'endettement public pour lutter contre le chômage.

Cadres du public et du privé,
à l'action pour la compétitivité nationale :

➢ Exigez une action managériale des dirigeants de l'état !
➢ Indiquez les chantiers de progrès à exploiter par l'encadrement public !
➢ Indiquez les comportements managériaux requis du Président de la République !
➢ Indiquez le comportement managérial requis du Président de l'Assemblée Nationale !
➢ Indiquez le comportement managérial requis du Président du Sénat !

Appel à l'action managériale
des dirigeants de l'état

L'essai de sciences économiques appliquées à la génération du progrès social (4) a été adressé aux responsables des pouvoirs publics au nom des salariés pour réclamer une création publique de valeur contributive à la compétitivité nationale sans imposer de nouveaux efforts de productivité aux entreprises du secteur marchand.

C'est un témoignage citoyen en 9 chapitres :

- Manifeste politique du chercheur au CNRS
- Manifeste militaire du citoyen
- Manifeste économique du manager d'entreprise
- Conseils aux salariés
- Devoirs des agents de l'état au service de la nation
- Exigence civique de vérité sur les dérives publiques
- Devoirs nationaux du haut fonctionnaire
- Cadres du privé, interpelez les cadres du public sur les politiques de régression économique !
- Parents, exigez des fonctionnaires et des militaires à l'écoute et au service de la population !

C'est une critique des politiques d'endettement public 2002/2018, une évaluation des régressions économiques et sociales résultantes, une demande d'actions nationales adressée aux présidents de la république, de l'assemblée nationale, du sénat et une interpellation citoyenne des députés, sénateurs, ministres, hauts fonctionnaires, chefs de service public, présidents de collectivité territoriale, maires, sommés par les cadres d'encadrer l'action des fonctionnaires et des agents territoriaux et d'exploiter les gisements publics de progrès pour réduire la fracture sociale creusée entre la classe publique et les chômeurs et les demandeurs d'emploi.

Quatre démarches nationales de redressement économique sont exigées des pouvoirs publics :

- Dire la vérité aux acteurs économiques sur les excès de dépenses de la collectivité et les chantiers de désendettement public

- Mobiliser les fonctionnaires avec les salariés dans la lutte contre le chômage

- Mobiliser les jeunes avec les adultes dans la lutte nationale contre le chômage

- Mobiliser les collectivités territoriales et les communes sur la performance économique nationale et le développement régional

Le manuscrit (4) a été proposé à un éditeur régional pour une publication à l'attention des citoyens et des électeurs. Il a été adressé en même temps aux pouvoirs publics pour informer les élus de la nation et l'encadrement public sur les meilleures pratiques managériales du secteur marchand à déployer dans la fonction publique.

Chantiers de progrès à exploiter par l'encadrement public

Les dirigeants de l'état, les élus de la nation, les chefs de service public et les professeurs des grandes écoles de la république ne se préoccupent plus de l'intérêt national. Après cinq ans de gestion socialiste, les dépenses de l'état et des collectivités territoriales et les endettements public et territoriaux ont continué de croître malgré les engagements électoraux de modération des déficits. La dette publique s'approche de 100% du PIB et dépasse 2200 milliards d'euros. La masse salariale de l'état s'élève à 279 milliards d'euros.

L'excès de dépenses publiques et sociales de la collectivité, non finançable par les prélèvements sociaux sur le travail et fiscaux sur la richesse créée, est de l'ordre de 210 milliards d'euros/an répartis en trois postes équivalents :

- 70 milliards de politiques publiques de régression économique décidées par un millier de ministres et de parlementaires.

- 70 milliards de dépenses de la classe publique décidées par 2000 hauts fonctionnaires au profit de 5,5 millions d'élus de la nation, de fonctionnaires et d'agents des collectivités territoriales soit 12730 euros par agent rémunéré par l'état.

- 70 milliards de dépenses sociales non finançables par la collectivité décidées par les partenaires sociaux au profit de 21,5 millions de salariés, de chômeurs et de demandeurs d'emploi, soit 3250 euro par acteur économique au travail ou en attente d'emploi.

Pour stopper la spirale de régression économique, l'excès de dépenses par agent public doit être ramené au niveau de l'excès de dépenses par agent privé avec une coupe de 50 milliards dans la masse salariale de l'état en 2017/2022.

Pour baisser les charges sociales pesant sur le cout du travail et renforcer la compétitivité nationale, l'excès résiduel de dépenses publiques et sociales, 3250 euros par acteur économique, devra être supprimé en 2022/2027.

Quatre chantiers de progrès économique ont été résumés à l'attention des dirigeants de l'état et de l'encadrement public pour convaincre les fonctionnaires, les salariés et les jeunes Français de réduire les excès de dépenses de la collectivité et rétablir la compétitivité nationale afin de relancer la création d'emploi marchand et réduire le chômage.

L'exigence d'une meilleure protection des civils, des familles et des enfants contre les attentats est rappelée au Président de la République et à l'encadrement militaire de la nation. Pour construire une Communauté Européenne qui protège ses populations des crimes contre l'humanité d'un terrorisme de masse, il est attendu des responsables Européens des lois réprimant l'activisme terroriste, un engagement accru des forces armées et une coopération renforcée des polices dans la guerre décennale à mener contre un terrorisme de masse.

Comportements managériaux requis du Président de la République

Le Président de la République doit la vérité aux citoyens sur les excès de dépenses publiques et sociales et les efforts professionnels à demander aux agents de l'état et aux salariés.

La Cour des comptes doit publier au Journal Officiel les fautes de gestion ayant augmenté la masse salariale de l'état de 50 milliards d'euros et l'endettement public annuel de moitié au cours du dernier quinquennat en portant la dette publique à près de 100% en 2018 :

- Les refus présidentiels de réduire les rémunérations exorbitantes d'un million de parlementaires, de ministres, de hauts fonctionnaires et de chefs de service public, incompétents à gérer les affaires de la nation au profit de la majorité laborieuse.

- Le refus parlementaire d'égaliser les devoirs économiques et droits sociaux du salarié et du fonctionnaire pour développer la compétitivité nationale et réduire l'endettement public.

- Les fautes professionnelles de l'encadrement public et des représentants syndicaux luttant pour le maintien des avantages acquis de la classe publique et refusant d'améliorer la performance économique collective des fonctionnaires.

- L'incompétence des maires, des présidents d'inter-collectivité et des chefs de service territorial ayant poussé à la création de 800000 emplois publics moins productifs que 600000 emplois existants ou à créer de PME&TPE qui auraient pu distribuer les mêmes prestations techniques à moindre cout pour la collectivité.

- La faute managériale d'un président réduisant les excès de dépenses sociales des Français de la classe moyenne et reportant à long terme la réduction des excès de dépenses publiques et sociales des cheminots et des fonctionnaires sans avoir réduit préalablement les rémunérations indues attribuées aux dirigeants et aux chefs de service public.

Pour désendetter la république, les cadres préconisent une mise à niveau de l'expertise économique des parlementaires, des ministres et des hauts fonctionnaires et un respect des règles d'une économie de marché mettant fin aux politiques de régression économique et réduisant la fracture sociale creusée par la classe publique avec la majorité laborieuse.

Pour construire un développement pérenne, ils appellent les parlementaires et l'encadrement public à faire manager le progrès continu par les fonctionnaires et les agents de l'état afin de restaurer la performance économique de l'action publique, de l'administration, des services publics, des services territoriaux et des entreprises publiques au profit des administrés, des usagers et de la nation (2).

Le Chef de l'Etat doit la vérité aux Français sur la démission des représentations nationales dans la lutte contre le terrorisme après 2015 et la guerre décennale à engager pour éradiquer l'activisme terroriste dans un état de la Communauté Européenne prétendant protéger sa population contre les attentats d'un terrorisme de masse.

Le Président de la République Française doit persuader les Dirigeants Européens de :

➢ Déclarer la guerre aux crimes contre l'humanité du terrorisme.

➢ Combattre impitoyablement l'activisme terroriste se développant dans la Communauté Européenne.

➢ Expulser de la Communauté à l'expiration de sa peine chaque condamné par la justice d'un état membre pour acte terroriste ou participation active ou passive à la préparation d'un acte terroriste.

Comportement managérial requis
du Président de l'Assemblée Nationale

« Le Président de la République s'est engagé à que chaque jeune Français ait l'occasion d'une expérience de la vie militaire. Un service national universel et obligatoire doit être instauré. Au travers d'une expérience directe de la vie militaire, de ses savoir-faire et ses exigences, chaque jeune doit aller à la rencontre de ses concitoyens et faire l'expérience de la mixité sociale et de la cohésion républicaine durant un mois. »

Les pères quinquagénaires ayant effectué un service militaire d'un an savent ce que représentait pour le jeune l'appel public à participer à la vie d'un groupe et aux activités éducatives, sportives et militaires nécessaires à l'acquisition de comportements collectifs utiles à la nation. Un service court ne provoquera que des rencontres artificielles entre des jeunes sans améliorer la cohésion sociale. Un service national d'instruction militaire et civique doit être rétabli pour renforcer la cohésion républicaine de jeunes de différentes origines sociales mus par l'ambition de servir la nation et d'être utile à la population.

Les citoyens et les jeunes adultes doivent connaître les manquements aux devoirs des dirigeants et d'un encadrement public refusant depuis le passage à l'euro de mettre les fonctionnaires à l'œuvre pour améliorer la compétitivité nationale et redresser l'économie :

- Refus parlementaire d'égaliser les devoirs économiques et droits sociaux des salariés et des fonctionnaires pour améliorer la performance économique publique.

- Refus syndicaux et managériaux du progrès continu dans l'administration et les services publics pour réduire la dépense publique improductive de valeur.

- Création de 800000 emplois territoriaux peu productifs au lieu d'utiliser 600000 emplois de PME&TPE plus performants pour distribuer les mêmes prestations techniques aux administrés à moindre cout pour la collectivité.

Les chefs de famille, femme ou homme, attendent des pouvoirs publics une vérité qui leur a été refusée par des politiciens menteurs et des dirigeants publics incompétents.

Ils veulent connaître les problèmes du pays, les méfaits sociaux des politiques publiques et les efforts professionnels à demander aux acteurs économiques pour réduire le chômage et désendetter la république. Ils veulent que les jeunes soient informés sur les efforts collectifs requis de l'adulte pour partager équitablement le travail dans l'entreprise ou l'établissement public et les luttes collectives à mener contre le chômage et l'activisme terroriste dans les quartiers.

Service d'éducation civique souhaité par les parents quinquagénaires :

Jour 1: Information sur les problèmes nationaux et l'insertion sociale des jeunes

Jour 2: Information militaire sur le terrorisme et la protection civile contre les attentats

Jour 3: Droits sociaux du citoyen

Jour 4: Devoirs économiques du salarié

Jour 5: Devoirs et droits collectifs des adultes dans une république à désendetter

Les députés de la majorité présidentielle doivent évaluer la pertinence d'un projet populaire de cohésion civique et le Président de l'Assemblée Nationale intégrer les critiques constructives avant de soumettre le projet à la décision du Président de la République.

Présidents de la République
et de l'Assemblée Nationale :

Mobilisez les jeunes avec une semaine nationale d'éducation aux comportements requis des adultes pour réduire le nombre de chômeurs dans le secteur marchand et l'influence des activistes terroristes dans les quartiers !

Rassurez les parents inquiets pour la sécurité de leurs enfants en déclarant la guerre aux crimes contre l'humanité du terrorisme et en expulsant du territoire national à l'expiration de sa peine tout condamné par la justice pour participation à la préparation d'un acte terroriste !

Comportement managérial requis du Président du Sénat

Le principal gisement public de progrès porte sur la réduction des sureffectifs de la fonction publique territoriale avec une masse salariale de 30 milliards d'euros destructrice de valeur pour la nation et l'économie régionale.

Dans les collectivités territoriales, 800000 emplois pourraient être supprimés par mutualisation des ressources humaines affectées aux régions, départements, intercommunalités, communes, abandon des activités redondantes et sous-traitance à des PME et TPE plus performantes des activités parapubliques de distribution de services techniques ou logistiques. Pour redonner confiance à 11 millions de petits patrons et leurs salariés sur la volonté nationale de développer les économies régionales, les sénateurs, les maires et les présidents de collectivité territoriale devraient réparer les dérives de gestion ayant créé 800000 emplois territoriaux peu productifs au lieu de faire appel à 600000 emplois marchands plus productifs, existants ou à créer.

Le gisement potentiel de développement économique régional pourrait être exploité par une sous-traitance des activités territoriales de services techniques ou logistiques peu productives à des PME&TPE plus performantes dans la distribution des services parapublics correspondants.

Tôt ou tard, les présidents de collectivité et les chefs de service territorial devraient se résoudre à préserver à moindre cout pour les finances publiques les prestations essentielles pour les administrés et sauvegarder les activités de distribution de services locaux menacées par la réduction des dotations budgétaires en les externalisant au secteur marchand.

Président du Sénat :

Evaluez l'intérêt national d'une privatisation des services techniques territoriaux transformant 10% d'agents de l'état en salariés de PME qui permettrait un progrès de productivité publique de 12% et une baisse de masse salariale de la fonction publique territoriale de 30 milliards d'euros !

A même dépense nationale et sans drame social dans la fonction publique, étudiez la faisabilité d'un choc de croissance aux économies régionales de 24 milliards/an par des marchés de travaux passés aux PME&TPE permettant d'assurer 6,5 milliards de cotisations patronales et salariales supplémentaires au financement du modèle social et d'affecter 6 milliards/an au désendettement territorial !

Références bibliographiques

(1)- À l'action, citoyens !
Article de Jean-Pierre Motte et Roland Verhille publié le 8 juin 2013 sur le Cercle de l'économie des Echos, reproduit ci-après

(2)- Conseils aux managers des affaires publiques
72 pages de Jean Pierre Motte
ISBN: 978-2-9546808-0-4   novembre 2013

(3)- Cadres de république surendettée, réveillez-vous !
120 pages de Jean Pierre Motte
À publier pour la formation managériale des parlementaires et de l'encadrement public

(4)- À l'action, parents !
96 pages de Jean Pierre Motte
À publier pour l'éducation économique du jeune adulte, du citoyen et de l'électeur

(5)- À l'action, cadres du public !
30 pages de Jean Pierre Motte
Manuscrit adressé au Président de la République pour diffusion par le DRH de la fonction publique afin de mobiliser un million de cadres au parlement, dans l'administration, les services publics ou territoriaux et les entreprises publiques sur l'efficacité de l'action publique au profit du développement économique et de la lutte contre le chômage.
Livret de 36 pages publié sous le titre de
« Pratiques managériales républicaines/ À l'action, cadres dirigeants de la république ! »

À l'action, citoyens !

Le pays est maintenant entré dans un cercle vicieux de décroissance économique mettant en péril votre sort et celui des vôtres. En sortir nécessite que vous agissiez.

Jean-Pierre Motte et Roland Verhille,
LE CERCLE huit juin 2013

Le chômage frappe durement de plus en plus d'entre vous, y rejetant une part importante de la jeunesse, et mettant en péril l'emploi de ceux qui y échappent. Il met aussi de plus en plus en péril votre sécurité personnelle exposée à ceux luttant par tous les moyens pour survivre. Le commerce extérieur du pays est en déficit croissant depuis 2005, occasionnant la dégradation de la croissance économique du pays avec une fuite des emplois vers l'étranger. La destruction de notre appareil de production industrielle, artisanale et de commercialisation est devenue dramatique. Certains prix écrasent votre pouvoir d'achat. Et depuis 1978, la rémunération moyenne en euro 2010 (brut + charges) par actif augmente d'environ seulement 1% par an en moyenne; avec l'augmentation des prélèvements obligatoires, il y a baisse sensible du pouvoir d'achat moyen des travailleurs. Votre État vous accable de prélèvements obligatoires parmi les plus élevés en Europe, et malgré cela, il est criblé de dettes, suite à ses déficits budgétaires continus et croissants depuis 1975. Les caisses sociales (sécurité sociale, allocations familiales, Assedic, retraites complémentaires) le sont aussi, sinon sont en cours de l'être. Les politiques publiques menées depuis 1975 ont pourtant partout visé à combattre le chômage apparu alors au moyen du dopage de la demande de biens et services ; dopage par distribution de monnaie tirée des dettes publiques contractées pour combler les déficits budgétaires, et plus encore monnaie tirée d'un déluge sorti des planches à billets des États ; au point que l'excès de monnaie a financé des activités spéculatives fort dommageables pour tous, y compris une amputation du niveau de vie de la plupart d'entre vous. En 2008 déjà, plus de 6% de la masse des revenus était tirée des déficits publics, des dettes de l'État ; plus de 12% en 2010 !

Le tout met le pays dans une situation intenable, dans un cercle vicieux. L'État est aux abois, risquant à tout moment de ne plus pouvoir honorer ses échéances d'emprunts en en souscrivant de nouveaux, comme il l'a fait depuis près d'un demi-siècle, les prêteurs craignant trop sa faillite. Il y a aussi saturation de prélèvements obligatoires. L'État ne peut plus doper la demande par des déficits budgétaires accrus ou seulement maintenus. La réduction des déficits, puis la réduction de l'endettement fait en violation du traité de Maëstricht a pour effet mécanique inéluctable de réduire encore la croissance économique, et même d'occasionner une décroissance compensant la croissance des décennies antérieures surfaite. Cet effet mécanique réduit à la fois le pouvoir d'achat de la population, et sa capacité à payer les prélèvements obligatoires supplémentaires qui seraient levés pour combler leur insuffisance occasionnée par la décroissance économique. Le tout met de plus en péril l'euro, et suscite des contraintes légitimes de la Communauté européenne visant à assainir les finances publiques ainsi que le fonctionnement de l'économie. Et les pays en meilleure situation ne sont pas à juste titre disposés à fournir les euros nécessaires au paiement de nos importations, ni ceux qui seraient nécessaires pour continuer à alimenter le budget de l'État.

Le pouvoir politique de la France de 2012 ne cesse pour l'instant de rechercher une issue qu'en élevant encore la pression des prélèvements obligatoires, et en guettant le retour prochain de la croissance économique. Il n'y a pas, ni engagé, ni en vue, un allègement significatif de la dépense publique source de la plupart des maux du pays.

Vous citoyens êtes en grande partie paralysés par l'État omniprésent conditionnant abusivement vos activités. Vous en êtes les marionnettes animées par ses incitations et interdictions, privés par lui de la part la plus grande de vos revenus (en moyenne, au moins les deux tiers de la rémunération de votre travail) employés par lui comme il l'entend et non plus par vous. Votre liberté est bien trop restreinte, presque illusoire.

L'inaction de votre part ne peut conduire qu'à votre perte et à celle de votre famille. Alors, que pouvez-vous faire ?

Vous, le peuple, vous êtes souverains. Hélas, vous ne pouvez exercer votre souveraineté que par l'intermédiaire de vos élus. Depuis plus de trois décennies, à chaque élection nationale où presque, vous désavouez le pouvoir en place en accordant vos votes à l'opposition. Mais les nouveaux élus ne font en réalité que poursuivre l'œuvre de ceux que vous avez désavoués. Un trop grand nombre d'entre vous l'ayant compris se réfugie dans l'abstention, ce qui n'aboutit à rien. Et aussi, un trop grand nombre croit encore au parti politique choisi en continuant à voter pour ses candidats. Notre démocratie est devenue une fiction.

C'est pourquoi, il vous reste seulement à agir vous-mêmes en masse. Expliquez patiemment mais clairement à votre entourage la situation du pays qui met en péril notre sort à tous. Pour retrouver les conditions d'un développement durable, il faudrait commencer immédiatement à réduire les dépenses publiques de 100 milliards d'euros en 5 ans, réduire la charge des salaires et retraites publiques de 10 milliards/an et réduire le coût du travail privé de 10 milliards/an, pour pouvoir dès que possible baisser le poids des prélèvements obligatoires.

Harcelez vos élus en leur disant votre vive désapprobation des politiques décidées par eux, même s'il n'y a plus rien à attendre d'eux.

Là où vous vous trouvez, où que ce soit, ne vous laissez pas abattre par la démotivation et le découragement ambiants, efforcez-vous de conduire vos activités autant que faire se peut normalement et efficacement. Introduisez-vous aussi dans les associations et les organisations syndicales, même si pour l'instant elles ne sont que la réplique des partis politiques, pour y expliquer vos vues. Partout, expliquez l'impérieuse nécessité d'œuvrer à un développement durable.

Mais votre action décisive est au bureau de vote. Évitez d'y être piégés. Déposez dans l'urne une enveloppe vide. Pourvu d'être suivi en masse par d'autres, cela priverait clairement de légitimité les élus. Il pourrait alors y avoir émergence de gens compétents, et respectueux de vos libertés individuelles, qui en viendraient à se présenter à vos suffrages, alors qu'actuellement, ils fuient tout ce qui est organisation politique.

Cet appel n'est pas confidentiel, utilisez le comme support à vos actions.